Max es un niño con necesidades educativas especiales,

no tiene lenguaje, y muestra dificultades para expresar sus sentimientos y emociones. En el colegio es muy querido por sus compañeros/as, pero a veces ellos no entienden algunas de sus reacciones o conductas y se enfadan con él. Una compañera de clase lo observa y quiere descubrir qué significa todo lo que Max hace en el colegio. ¿Llegará a conocer de verdad toda la magia que tiene Max en su interior?

LA MIRADA DE DANIEL
Inteligencia emocional

Max, ¿qué sientes?

Avda. San Francisco Javier, 9, 6ª, 23
Edificio Sevilla 2
41018 - SEVILLA
Tlfn: 912 665 684
info@babidibulibros.com
www.babidibulibros.com

Impreso en España
Primera edición: diciembre, 2023

ISBN: 978-84-19859-78-5
Depósito Legal: SE 2098-2023

Valores implícitos:

En este cuento descubrirás el valor de la diversidad. Cada persona es diferente y expresa sus emociones de forma diversa, ya que no todos podemos o queremos expresar nuestros sentimientos de la forma «normal» a la que está acostumbrada la sociedad. La empatía y el compañerismo son muy importantes para llegar a conocer el interior de cada uno de nosotros.

Roser Dagà Gómez

MAX, ¿QUÉ SIENTES?

Ilustrado por: Gus Constantine

BABIDI-BÚ

A mi familia, que ha creído en mí desde el primer día en que este sueño empezó a tener forma. A Jesús, en la sombra de este proyecto. Gracias por ayudar a hacerlo posible, por tus consejos y por creer siempre en mí. A Vega, tenerte dentro me dio la fuerza y el valor para sentir que esto podía ser real. Gracias por hacerme vivir esta doble aventura.

A Noelia, el inicio que inspiró este largo camino.

Y en especial a todos los niños y niñas que día a día luchan para expresar de una manera u otra todo lo que sienten. Gracias por enseñarme lo necesarios que sois en este mundo.

Él es Max, un amigo del colegio. No sé si podríamos decir que es amigo... Porque a veces hace cosas que no harían los amigos.

Max no habla, pero a veces es muy divertido y nos reímos mucho con él.

A veces, cuando estamos en clase, Max rompe las tareas de los compañeros. Las coge, hace una bola de papel y las usa como pelota.

A los demás no nos hace nada de gracia.
A los amigos no se le hacen estas cosas...

Pero a veces también lo hace con sus tareas...
No lo entiendo... ¿Por qué las rompe?

El otro día me tocó a mí. De repente, Max cogió mis deberes y los rompió. ¡¡¡Noooo!!! Entonces deshizo esa pelota de papel, pero mi trabajo ya estaba todo arrugado.

Camino a casa, con mis deberes arrugados en la mano, me sentía triste y enfadada con Max. Pero a la vez, no podía olvidar su cara de tristeza. ¿Por qué me rompió mi trabajo?, ¿yo qué le había hecho?

Al llegar a casa recordé... El año pasado Max me había roto un dibujo. Lo había guardado en un cajón, porque me gustaba mucho. Miré mi trabajo arrugado y ese dibujo roto, y pensé: «Max había roto los dos, pero... ¿por qué están rotos de forma tan diferente?».

Durante unos días observé a Max. Sin decirle nada, lo miraba cada vez que rompía la hoja de algún compañero, y algún día había roto la suya propia. Me di cuenta de que las rompía de diferentes maneras.

¿Por qué lo haría?...

Un día arrugaba la hoja bien fuerte y le daba forma de pelota. Otro día la rompía a trozos, o la arrugaba, pero muy poquito. ¿Qué quería decir eso?...

Quizá lo hacía cuando se enfadaba, pero...
yo cuando me enfado y siento rabia...

Quizá Max...

O quizá lo hacía cuando estaba triste. Pero yo cuando estoy triste...

Quizá Max... ¡¡¡Claaaaro!!! ¡Ya lo tengo!

Quizá no todas las personas expresan, lo que llamamos emociones, de la misma manera. Quizá hay muchas formas de expresar la rabia, la tristeza, el miedo, la alegría...

Me senté al lado de Max
y le dije: «¿Cuándo te
enfadas y sientes rabia...?»,
y le hice una pelota con el
papel que tenía delante,
como él hacía...

RABIA

«¿Cuándo estás triste...?».
Le arrugué el papel y
deshice la pelota...

TRISTEZA

«¿Cuándo tienes miedo de alguna cosa...?». Le arrugué el papel muy poquito...

MIEDO

Max no me contestaba, pero me miraba con los ojos brillantes y una gran sonrisa en la cara mientras acariciaba el papel que tenía encima de la mesa, y entendí que eso era...

CALMA

Lo miré y le dije: «¡Max, ahora te entiendo! Cuando vuelvas a romper un papel, todos sabremos qué te pasa y así podremos ayudarte».

Max cogió el papel y lo cortó a pedazos. Con una brillante sonrisa, los hizo volar. Eso era...

ALEGRÍA

Acompañé a mi amigo en esa fiesta de confetis.
Ya que no hacen falta las palabras para expresar
las emociones y los sentimientos.